한 뼘쯤 덮고 있었다

김종호 시집

시인의 말

바람을
유난히 무서워하는 아이였다.
바람 부는 날은
머리끝까지 이불을 뒤집어썼다.

바람이 어디서 오는지
바람이 어디로 가는지 궁금한 날은
까치둥지를 올려다보았다.

알고 보니, 바람은
내 안에서 불어 나오고
내 안으로 불어 가고 있었다.

내가 바람의 서랍이었다.

2017. 봄
김종호

차 례

● 시인의 말

제1부 바람의 경계

교감 ── 10
매화 마을에 들다 ── 11
늪 ── 12
바람의 경계 ── 14
맨발 ── 16
겨울, 암자의 평상에 앉아 노을을 보다 ── 18
부유 ── 20
폭설 ── 21
바람의 건축학 ── 22
그들은, 아직 농성 중이다 ── 24
그림자 여자 ── 26
로열펭귄 ── 28
가을의 무게 ── 30
변명 ── 32
십이월 ── 34
동지 ── 36
푸줏간 저울 2 ── 38

전파를 타고 —— 39

숨은 섬 —— 40

파리 —— 42

제2부 구슬 팔찌

꽃잠 —— 44

겨울 장터에서 —— 45

안개 속으로 굴뚝새 날아든 날은 —— 46

초승달 1 —— 47

교통 통제 중 —— 48

바람의 집 —— 50

어떤 무대 —— 52

장마 —— 54

흰 소 —— 56

아름다운 폐허 —— 58

바이욘 사원 —— 60

구슬 팔찌 —— 62

경전 —— 64

스평나무 —— 66

그리워라, 수탉 울음소리 —— 68

혈거시대, 혹은 미궁 ——— 70

귀소 ——— 72

제3부 벼꽃 필 무렵

새벽에 ——— 76

초승달 2 ——— 77

한 천 년쯤 ——— 78

꿈 ——— 79

벼꽃 필 무렵 ——— 80

그럼, 웃어야지 ——— 82

이순 ——— 84

어둠의 성역 ——— 86

연애 시절 ——— 88

헛간 ——— 90

하지 ——— 92

조밥 ——— 94

마늘처럼, 방패연처럼 ——— 96

조문 ——— 98

이명충 ——— 100

밤손님 ——— 101

제4부 뜨거운 외출

겨울 안개 —— 104

사월 —— 105

적멸보궁 —— 106

가을 풍경 —— 107

이슬, 슬픔의 무게 —— 108

소리 —— 110

입김 —— 111

남생이무당벌레 —— 112

돌아가는 길 —— 114

뜨거운 외출 —— 116

말라가는 빵 —— 117

미로 —— 118

뼈, 혹은 감옥 —— 120

겨울나기 —— 122

입적 —— 124

묵언 —— 125

짐말동굴 —— 126

▨ 김종호의 시세계 | 최준 —— 131

제1부

바람의 경계

교감

나에게 영혼이 있기는 있는 걸까
있다면, 그는 지금
얼마나 외롭고 쓸쓸할 것인가

이제껏 영혼을 위해 따로 밥 먹어본 적 없으니
봄날 홀로 우두커니 창밖을 내다보고 있는
내 등 뒤에서
그는 또 얼마나 오랫동안 입술 깨물고 있을 것인가

봄볕 뒤집어쓰고 앉아
시골 아낙 서넛
미나리 뜯는 돌샘가에, 그대여
슬그머니 날아가 앉아 있어라
소풍이라도 나온 듯이

거기 그렇게,
이마에 푸른 이슬 내릴 때까지

매화 마을에 들다

땅거미 내린 지붕 위로
별빛이 스멀스멀 기어들었다

바람 허리를 붙잡고 있던
여인의
발끝에서 목덜미로
물이 오르고 있었다

어둠이
뜨거워진 속옷을 벗어 던지고 있었다

그 뒤
집집마다
담장 허물어지는 소리

아침이면
아궁이에서 알밤 튀듯
아이들이 와글와글 뛰어나오곤 했다

늪

건너뛸까
그냥 밟고 지나갈까
물이 고인 웅덩이 근처, 망설이다
가장자리 불룩한 곳을 밟는 순간
쑤욱, 진흙 속으로 발이 빠진 적 있다

망연하다와 막연하다를 구분하지 못해
막막하던 때가 있었다
평평하다와 편편하다의 허방다리에 빠져
발목이 젖도록 울던 때가 있었다

풀잎을 짓누르던 이슬방울이
편편하게 풀밭을 적시는 아침
내 생각의 발자국 위에 수런대며
몰려드는 이슬들

찬연하다와 처연하다의 경계에서
갈팡질팡하던 그해 겨울

폭설이 느티나무 가지를
한 뼘쯤 덮고 있었다

바람의 경계

사월에 부는 바람은 는실난실 혀부터 들이민다
그런 불온한 생각의 등 뒤에서
꽃이 핀다

부석사 오르는 길에서 만난
과수원 사과꽃보다 자욱한 바람, 바람의 밀애
바람과 바람의 경계를 생각하며
자못 뜨거운 얼굴로 산문을 들어서는데
등산복을 차려입은 여인들이 깔깔거리며
바람 속에서 바람 속으로 걸어 나오고 있다

돌배나무 둥그런 가지마다 바람이 그득하다
흩날리는 배꽃, 끊임없이 찔러대는
무량수전 추녀가 바람의 성기 같다

바람의 욕망을 경계해야 한다,

혼잣말하며 나도 법당으로 혀를 들이민다

두 겹 세 겹 바람이 들어와 쌓인다
욕망의 바람을 경계해야 한다, 나는
생각을 고쳐먹는다

나도 모르게 바람처럼 우는 소리를 내며
바람이 되는 줄도 모르고

맨발

새로 산 신발을 잃어버렸네
나를 싣고 다닌 지 며칠 지나지 않은

구두바닥엔 '王'자를 쓰지 않았으므로,

조문객들 틈에서 슬쩍
양 손바닥을 들여다보았네
집에서 나올 때 공들여 비방을 한
붉은 '王'자가 희미하게 번져가고 있었네

재개발지역의 빈집에서 주워 온
금 간 항아리 바닥에도
아내는 극진하게 붉은 잉크로 '王'자를 처방했는데

그리하였으므로,

끊임없이 밀려드는 낯선 신발들 틈에서
상주도 나도 서늘하게 바라보기만 했네

밖에는 진눈깨비 몰아치는데
질컥질컥 끌고 온 슬리퍼를 장례식장 주차장에 팽개쳐 놓고
맨발로 가속페달을 밟았네, 밤길을
맨발로 걸어갔을
영혼처럼

서둘러 떠난
그 누군가의 뒤를 쫓듯이

겨울, 암자의 평상에 앉아 노을을 보다

개집 앞 쇠줄 끝에
겨울 해는 우두커니 매달려 있네
하릅강아지 줄 끝까지 달려와 멈춘 채
멍하니, 꼬리를 말아 흔드네
붉은 귀때기에 번져가는 풍경 소리

뒷산 상수리나무 가랑잎들은 하릴없이 마당으로 내려와 쌓이고

저녁 해 잠시 머문 평상에 앉아
방황하던 젊은 날을 지탱해 온
낡은 구두에 담기는 노을, 바라보네
우물가에서 말라죽은 화분의 가을꽃들
휘적휘적 고개를 꺾은 채

건너가는 곳은 서쪽인가, 노을이 깊어

처마 밑 참새들 웅성대는데

바람이 슬쩍 어깨를 밀었을 뿐인데
풍경은 운다, 울면서

가야 할 곳은 또 어디인가

부유

　적멸에 들겠다고 세끼 공양 밥이나 축내며 요사채 방 한 칸 빌려 몇 날밤 새워본들 오득悟得은 절집 마당 우물에 잠긴 뜬구름이다 그 뜬구름 건지겠다고 내려뜨린 깡통두레박이다 두레박에 담겨 올라온 졸참나무 가랑잎이다
　벌레 먹어 뚫린 구멍으로 달빛이 샌다

　월아천 샘물 한 바가지가 보리菩提에 이르는 길이라며, 명사산 그늘에 앉아 갈증을 풀던 라마승은 정각에 이르렀을까

　구들장 온기가 부처의 손이며 길이라고, 등짝을 그렁그렁 울리며 기름보일러가 돌아가는 밤

　그 길 위에서 밤새 바람결로 떠도는 나는, 빈 수레다

폭설

아궁이에 막 장작을 집어넣고
공양간 가는 길을 뚫고 있는 행자 스님
하릅강아지가 제집에 엎드려 물끄러미 내다본다

뒷산 솔숲에서 밤을 지새운 멧새들
밥알, 밥알, 지껄이며
폭설이 덮은 절집 마당을 가로질러 간다
쩔뚝쩔뚝,
잔바람에 가늘게 우는 풍경 소리가
뒤따라간다

힘에 겨운 날갯짓으로
강 건너 마을을 향해

거기 아침 공양할 밥이라도 있다는 듯이

바람의 건축학

지난밤 눈보라에
까치 둥지가 반쯤 허물어졌다
벽을 뚫고 흘러드는 바람 소리에 놀라
부리를 딱딱거리다 날아오르는
까치는
뜬눈으로 밤을 새웠을 것이다

재개발지역의 낯선 풍경을 따라
두리번거리는 사람들, 배후에서
꿈틀거리는 적의

홀로 나는 법을 배운 이후
상처와 기억은 때로 견딜 수 없는 치욕이 되곤 하였지만
바람이 허물고 바람이 일으켜 세운
흰 뼈의 공중누각
차마 들어서지 못하고 입구에서 서성이는
까치에겐
고독이란 말이 오히려 직선적일 것이다

저 견고한 바람의 경계를 뚫고

까치는

흩어진 뼈들을 어디론가 다시 물어 나르고 있다

그들은, 아직 농성 중이다
— 이명 5

그들이 천막을 친 때가 2003년 정초였으니 햇수로 따지면 십오 년째다. 그들은 시도 때도 없이 달팽이관이며 눈자위며 머릿속을 헤집고 다니며 굿판을 벌인다. 바람처럼 왔다가 흔적 없이 떠날 줄 알았던 애초의 관망은 뼛속까지 휘감아 도는 노랫소리에 묻힌 지 하마 오래다.

거울 보기가 점점 두려워진다. 언제부턴가 거울이 보여주는 것은 남기고 싶은 뒷모습이 아니다. 무거운 안개 속 매미껍질 달라붙은 흙빛 나무들, 불협화음의 음계에 휘말리면서 속수무책 말라가는 변두리 도시 풍경이다. 그들의 요구사항은 집요하다. 기억을 버리고 침묵을 버리고 세간의 소리 들으라 한다. 한눈팔지 않고 걸어온 지난날들은 훌훌 벗어던지라 한다.

눈이 점점 흐릿해지고 이따금 뿌리 쪽이 캄캄하게 흔들리는 걸 보면 그들은 지금 내 기억의 관다발에 혀를 들이미는 중일 것이다. 그들에겐 수액이 밥일 터, 엄동설한에 매미 소리가 이렇게 무성할 수가 있다니!

그림자 여자

검은 개를 데리고 산책하는 여자
오늘은 그림자가 보이지 않네
여자가 끌고 가는 검은 개,
아니 꼬리를 말아 올리고 헉헉거리며
바삐 여자를 끌고 가는 검은 개

추억처럼 눈 내리는 마을안길을
빠져나가는 여자, 아니 끌려가는 여자
길은 속절없이 지워지고 그림자가 지워지고
십이월도 저물어 전봇대에 매달려 여름내 펄럭이던
중고차 매매 플래카드 선전 문구도 지워지고
벚나무가 일렬횡대로 길을 내주고 있는 저녁 무렵
새들도 날아와 앉지 않는 빈 가지에 눈은
자꾸만 제 그림자를 덮으며 쌓여 가는데

남편이 죽어 하루 종일 콜라텍에서 시간을 죽이는 여자
오늘은 콜라텍에서 일찍 돌아왔는지
혼자 방죽 길을 걷는 여자

그림자를 감추고 걸어가는, 늙은 여자
기억할까, 따스한 무릎의 시간들
그립기나 할까, 살강살강 부딪던 추억의 밤들

눈은 내려 쌓여 산발한 냄새들을 지우는데
자주 뒤돌아보는 여자

길 끝까지 갔다가
보이지 않는 그림자를 끌고 돌아오는 여자

로열펭귄

열한 시에 그 여자는 집을 나서지
검은 안경으로 얼굴을 가리고
검은 가방은 늘 왼쪽 어깨에 짧게 메지
검은 개 묶어놓은 대문을 나서면
첫날밤 같은 바람이 두근두근 다가서지

그림자가 걷는 방향으로
종아리가 예쁘게 걸어야 해
스텝이 엉켜서는 안 되니까
오늘은 금색 머플러를 썼으니
황제 콜라텍에서 우아하게 로열펭귄 춤을 출 거야
밥은 어디서 먹나,
건성으로 노래하는 늙은 전자오르간의 저녁
말과 혀와 밥은 독립적일 수 있어
아니, 그래야만 해

마을안길이 빤히 보이는 이 층 계단에 서서
나는 열한 시에 밖을 내다보지

열리지 않는 창문 뒤에 술래처럼 숨어서
남편을 잃고 춤이 하루 일과인 여자와
황량한 남극의 설원과
펭귄이 물어 오는 푸른 고등어를 상상하지

저녁 일곱 시 반 시내버스가 도착할 때까지

가을의 무게

백로를 지나자
여름내 시달리던 호박넝쿨이
흠뻑 젖은 가랑이에 마구 새끼를 친다
수련 잎에 구르는 이슬방울이
작은 바람에도 흔들리지 않으니
연못 속을 파고드는 아침 햇살 스스로 미끄러진다

늦게 피어나는 가을꽃들 슬픔처럼 깊어졌고
마른 옥수숫대 비스듬히 비추는
한낮의 태양도 한층 어둡고 무거워졌다
느닷없이 해고통보를 받은 내겐
하루 종일
가벼운 전화 한 통 오지 않았다

무한창공 깊은 우주의 무덤 속에서
일점 호흡도 모두 꺼버린 채
무장무장 기어 내려온 별빛이

내 굽은 어깨를 어루만진다

변명

그해 가을,
안간힘으로 버티고 있는
불연속선의 위도 위로, 광기와 연민의 아스팔트 위로
찬 이슬은 어김없이 내려앉았네

낙엽 지는 계절에도 동요하지 않는
저 북악산은
삼엄하게 촛불이 타올라도
겨울잠에 든 산짐승처럼 웅크리고 있었네
어디선가 기총소사하듯 은행나무들은, 씨앙
멍이 든 손바닥을 뒤집어엎고
사랑해야 보인다는 말씀을 신봉하는
한 떼의 풀빛 말들이 땅을 울리며 지나갔지만
내 목구멍에 기어든 무당거미는
시도 때도 없이 간질거렸네

강사휴게실은 왜 이렇게 춥나,

묵은 조간에 머리 들이밀고 조망하다가
미지근한 커피를 단숨에 털어 넣고, 씨앙
다음 강의실로 달려가는 시간은 서러웠네
생각해보면, 나는 비굴하게도
월급이 끊긴 지난 팔 년 동안
멀리 도시 변두리에서 본능의 짐승같이
밥그릇에 머리를 조아리고 있었네

가을이 깊어가면서
편견의 모래성을 쌓고 있는
지리멸렬한 저 허무의 경계를
무겁게 가방을 멘 아이들은 거리낌 없이 지나갔지만

십이월

뜨거웠던 강사의 계절도 끝나고
눈발 휘몰아치는 불면의 거리에서
그는 홀로 발걸음 무거우니
밤새워 읽은 국부론이며 손자병법도
부질없어라
그는 한때 반듯했던 직장을 뛰쳐나온 중년의 가장
십이월의 허기진 하늘 날아오르는 한 마리
갈매기처럼, 어릴 적 첫사랑 찾아 떠난
그 누구처럼

밤의 계절이여, 보이지 않는 말들의 손이여

죽간竹簡에 새긴 생의 유적을 덮으며
모닥불처럼 넘실대는 폭설은
고향으로 돌아가는 발자국 위에 까맣게 내려 쌓인다
쩡쩡 금이 가는 경계와
형역形役의 서늘한 이마 위로
그렇게 눈은 내려 쌓이고, 쌓여서

바람에 내몰린 뒷모습마저

지우고 있는

동지

다디단 낱말들을 쏟아내던 낡은 가방도
뜨거운 입술 닫아걸고
굽은 어깨로 걸어가는 등 뒤에서
새떼처럼 재잘거리던 여학생들 다 어디로 갔을까

적막강산이다

한 겹 또 한 겹 어둠은 내려 쌓이고

차라리 폭설이라도 우리들 머리 위에, 내밀한 풍경 위에
내려 쌓이기를, 아니 그보다는
속절없이 눈발 속에 허물어지다가
바다처럼 맨발로 돌아오기를,

너는 너대로 나는 나대로, 뿔뿔이
겨울 안개 속으로
벽에 매달린 마른 꽃 닫힌 눈동자 속으로
옷장의 그늘 속으로

익숙해진 가면 속으로

숨어들어야 한다

낡은 가방이 입술을 달싹거릴 때까지
다시
바람의 계절이 올 때까지

푸줏간 저울 2

오래된 동굴에서 발견된
어느 구도자의 죽음은
고요하게 마무리된 생이었을까

자운영 꽃밭을 굴러가던
쇠똥구리들의 밀애,
쇠잔등에 날아와 앉던 밀잠자리 날개처럼
평화로운 삶이
평화롭게 마무리되는 법은 없는 것일까

내 생의 무게를 저울질해 본 적은 없지만
붉은 조명 아래
돼지등뼈를 잘라 무게를 달고 있는 저울 앞에서
온몸에 소름이 돋은 적 있었는데

식탁에 내려앉은 파리를 향해
나는 지금
벼락 치듯 파리채를 내리꽂는다

전파를 타고

 터널 속으로, 아니 블랙홀 속으로, 빨려 들어가는 순간이다, 하하하하, 조영남 아버님, 치지지직, 아아 떡떡, 아아 쏙쏙, 쏴아아아, 석봉아, 치지지직, 너는 글을 쓰고, 나는 떡을 썰고, 치직 치지지직, 참 이상한, 남자들이야, 치직 치지직, 자, 열 분쯤 더 뽑아서, 아아 석봉아, 아아, 선물을, 치르르륵 치르륵, 보내드리도록, 치이이, 다음은 이동원 버전으로 가을편지를, 아아, 치지지 치직치직, 다시 산으로, 올라가, 쏴아아아, 석봉아, 석봉아, 너는 글을 쓰고, 나는 떡을 썰고, 치르르, 편지를 하겠어요, 치이이이, 누구라도, 석봉아, 낙엽이 떨어진 날, 외로운 여자가, 치직치지직, 모두 투어와 함께 떠나는 가을, 치이이, 아름다워요, 조강지처가 좋더라, 너는 혼선이 되어 동굴 속을 떠돌고, 나는 물병을 손에 잡고, 한 손으로 뚜껑을 열며, 터널을 빠져나간다, 아니 다시 블랙홀 속으로, 물을 마시며,

숨은 섬

 이름을 바꾸었으면, 하고 생각한 적이 있어요. 누가 이름을 부를 때면 종종 공명이 멈춘 종소리가 나는 거예요. 듣기에 따라서는 참 고풍스럽다거나, 시골 초등학교 운동장에 울려 퍼지던 하학 종소리를 떠올리는 이도 있을 거예요. 따지고 보면, 쇠북을 울리며 임금을 호위하는 형국이라, 의연하게 생각할 수도 있겠지만, 호의호식과는 거리가 멀거든요.

 차라리 종각에 매달린 범종이라면, 하고 상상한 적도 있어요. 우렁우렁 때맞추어 울리던 제야의 범종 소리, 아시지요? 하지만, 얼마나 따분하겠어요. 금방 잊히는 이름보다는 차라리 속절없이 떠도는 슬픔으로 그냥 두는 게 낫겠다고 자문자답하곤 해요.

 이래저래 생각해 낸 이름이 은도隱島예요, 숨어 있는 섬. 파도 뒤에 구름 뒤에 그대의 호명 뒤에 숨어, 가만히 숨을 죽이면 때론 재미있을 것 같거든요. 간혹 길 잃은 바닷새들과 온종일 노닥거리고, 바람 소리 수굿해지면 바다 깊이 자

맥질하며 조개들과 쏙닥거리는 것도 좋을 것 같고, 알몸으로 파도 위에 뒹굴며 노는 것도 신날 거예요.

은도, 하고 한 번 불러 보셔요. 동쪽 바다에 해가 막 떠오르는데, 또르르, 파도 소리가 굴러 나오지요?

파리

 된서리 내린 아침, 어느 틈에 들어왔는지 눈앞에서 알짱대는 파리 한 마리, 원주에서 서울까지 가는 내내 신경전을 벌이다 강남대로 교보문고사거리에서 신호에 걸린 틈을 타 재바르게 창문을 내리고 휘둘러 쫓아냈습니다
 손등에 내려앉아 싹싹 비는 놈을, 서울 물도 좀 먹어보라고, 책 구경도 하며 촌놈 티나 벗어보라고,
 마침 교보문고 건물 외벽에는 '어느 날 나무는 말이 없고…하나 둘, 이파리를 떨군다'는 한 여류시인의 말씀이 생각에 잠긴 채 지긋이 내려다보고 있었습니다
 마음이 조금 아려왔습니다

제2부

구슬 팔찌

꽃잠

원주에서 횡성 가는 춘원국도변
버스정류장 긴 의자에 걸터앉아 졸고 있는
노인의 머리 위에서
매화꽃이
튀밥처럼 툭툭 터지고 있었다

매화 향기 쫓아
벽화 속으로 걸어 들어간 의관리 아이들은
지금 어디쯤 가고 있을까

버스가 이마에 붙은
아지랑이를 털어내느라 꾸물대는 동안
노인의 잠 속으로
아이들 웃음소리 나풀대며
흘러드는

봄날 오후

겨울 장터에서

눈길을 숨 가쁘게 달려온 푸성귀들
웅성거리며 모여앉아
퍼런 입김을 내뿜고 있는 길모퉁이
그 옆에서 훅, 비린내를 풍기며
아낙의 시퍼런 얼굴이 지금 막, 뜨거운 국수 그릇 속으로
걸어 들어가고 있다

안개 속으로 굴뚝새 날아든 날은

그림 한 폭 그려야겠다

창밖 풍경이 우울해
꿈을 꾸기 시작했다는 그 나라 사람들처럼
햇빛이 그리워
환상의 세계로 말을 달리던 그 먼 나라 사람들처럼

지독한 안개 속
굴뚝새 길을 잃고 날아든 날은
아궁이 문 꼭 닫아놓고
따뜻한 그림 한 폭 그려야겠다
깨끼적삼 날빛 같은 꿈도 꾸면서

하늘이
화선지 펼쳐놓고 수묵을 치는 날은

초승달 1

저녁 하늘이 휘청
언월도를 내리그었다
흰 피 한 줄기가 서쪽 하늘을 적시며 서늘하게 흘러내렸다

그 뒤 세상이 캄캄해졌다

무한천공 깊숙한 곳에서
크륵크륵
누군가 숨을 몰아쉬며 생을 넘기고 있었다

교통 통제 중

삼마치 넘어 백락사 가는 길
한쪽 길을 막고 공사 중이다
느릿느릿, 좁은 길로 들어서라고
멀리 앞쪽에서 누군가 붉은 깃발을 휘젓는다

나는 서서히 속력을 줄이는데
내 삶에 통제란 없다는 듯
경적을 울리며, 상향등을 번쩍거리며,
좁은 틈새로 앞질러 가는 파렴치한 이들도 있다
저렇게 급히 달려가다간 자칫
목이 부러질지도 모른다

아닌 게 아니라, 세상에,
걸레가 다된 누더기를 걸치고
목이 부러진 마네킹이 어깨 밑으로
덜렁, 머리통을 늘어뜨린 채

    — 휘적, 삐거덕,

휘적, 삐거덕,

붉은 깃발을 휘젓고 있는 게 아닌가,
눈도 코도 얼굴도 보이지 않는
먼지 뽀얗게 내려앉은 휑한 어깨가 쓸쓸해
울컥, 눈시울이 뜨거워지는데

뒤에선 끊임없이 빵빵거리며
앞질러 가려는 사람들

그들의 죽음을 통제하는 자는 누구일까

바람의 집

책을 덮고 서랍을 열려다 혼자 웃는다
두꺼운 판자 한 장 얹어 놓은
내 책상은 서랍이 없지,
다시 책을 펼쳐 놓는다

— 집이란 풍경보다도 더〈한, 영혼의 상태〉이다*

나는 그를 잠시 외출시키기로 한다
다락방 계단을 내려가는 뒷모습이
둥근 거울에 언뜻 비쳤다 사라진다
문득 둥근 서랍을 갖고 싶다
의자에서 일어나 내가 버린 생각들을 주워 모아
서랍 대신 벽을 타고 흘러내린 물방울에 끼워 놓는다
물방울들이 반짝이며 바라본다
창틈으로 깃발을 흔들며 들어오는 저녁 햇살
늘 그려지는 넓이만큼 방바닥이 환하다
나는 둥근, 혹은 타원형의 음각화가

— 뇌의 서랍에, 혹은 다른 그런 서랍에**

각인되기를 기다리지만
곧 어둠이 내리고
그가 돌아올 시간

나는 다시 바람의 서랍에 갇힐 것이다

* 가스통 바슐라르, 곽광수 역, 『공간의 시학』에서 따옴.
** 위의 책에서.

어떤 무대

저녁, 활활 불타는 무대 위에서
여자가 파랗게 야위어간다
벗어 놓은 투명한 깃털 옷이
바람에 쓸려 골목길을 끝없이 부유한다
어둠 속에서, 아이들 웃음소리
여자가 흘리는 눈물과 몸을 섞는다

밤, 트럭 옆구리에 전등이 내걸리고
몇몇의 남자가 들어와 탐욕으로 가득 찬
말의 고삐를 풀어놓는다
혀 밑에 가시를 숨긴 말들이
무대를 향해 무겁게 달려든다
여자가 눈을 감는다
 ─ 그만 바라보아요,
  그런 뜨거운 눈길은 이미 물 건너간 슬픔이어요
  눈뜨면 하얗게 뼈만 남기고 사라질
  내 생애는 이미 폐기되었어요

회전 무대, 위에서 가슴속까지 훤히 풀어헤친
성숙해 가는 여자에게
어둠은 이미 어둠이 아니다
붉은 조명도 느릿느릿한 음악도
더 이상 희망을 말하지 않는다
그대들이 풀어놓은 말들이
어둠을 지배하는 왕이다

새벽, 새로 전입한 여자가
깃털 옷을 벗고 무대에 오른다
취기 오른 음악이 수레바퀴를 따라 돈다
막이 내려지는 시간은 아직 멀었단 말인가
초저녁부터 춤을 춘 여자에게
아직까지 남겨진 생애가 있다는 말인가

장마

이곳 가파른 언덕 마을에도
먹구름 일개 군단이 길을 내며 지나갔네
누워 있던 풀잎들이
일어서다간 다시 쓰러지고
무허가의 안식을 갈무리하던
비닐 천막의 늑골마저 무너질까 두려워
망연히 바라보는 안색마다 물결이 일었네

첨벙거리며 뛰어다니는 아이들
젖은 웃음마저 거두어들이는 목덜미에
천 근의 무게로 내리꽂히는 비의 허기

기압골은 더욱 촘촘해졌네

별빛으로 얽어 짠
오랜 침묵이 웅성거리기 시작했네
처마 끝에 튀밥같이 매달리던 저녁별들
퍼덕이던 텃새들 모두 어디로 갔는지

천둥과 먹구름의 배후에서 번쩍이는 눈빛들이
머지않아 야차처럼 도착할 것이네
죽은 전신주를 끌어안고
밤을 새워야 할 이웃들 이마 위에
작은 빗방울에도 자지러지는 나뭇잎 심장 위에

날카롭게, 뾰족하게, 더욱 세차게

문을 두드리며

흰 소

1.
툭툭이를 타고
앙코르 톰*으로 가는 길에 보았다
시바신이 타고 다닌다는 난디**
길옆 빈 논에서 어슬렁거린다
비루먹고 비쩍 마른 몸뚱이가 사막의 언덕 같다
코뚜레도 없고 고삐도 없다
회초리 든 아이도 보이지 않는다
어슬렁거리는 게 일과라는 듯
먼지 풀풀 나는 마른 논바닥에
무언가 먹을 것이 남아 있다는 듯
머리를 숙이고 끊임없이 우물거린다

소는 자유를 즐기고 있는 걸까
혹, 고독을 즐기고 있는 것은 아닐까
자유가 고독의 다른 이름인지도 모른다
혼자 어슬렁거리는 소
자유로운 고독의 배회

2.

낮은 둔덕마다 드문드문 서 있는

야자나무 그늘에 드리운 한낮의 적요

이 적막을 깨고

시바신이 찾아올 때를 기다리는지도 모른다

가끔 꼬리를 흔들어 바람의 향방을 가늠하거나

고개 들어 멍하니 바라보기도 하는

서쪽 하늘 그 어디쯤에

뚜벅뚜벅 찾아갈 힌두 사원이 남아 있다는 걸까

뙤약볕 속에서 하염없이

어슬렁거리는 흰 소

* 캄보디아의 앙코르 유적. 불교 사원.
** Nandi : 힌두교의 시바신(파괴의 신)이 타고 다니는 흰 소.

아름다운 폐허
— 따 프롬 사원*에서

앙코르 톰에서 크게 떴던 눈을
이곳에선 반쯤 감고 지나가야 하리

모든 것이 사라졌으므로
백만의 백성이 사라졌으므로
왕과 왕비와 왕국이 사라졌으므로
해자가 사라지고 수도승이 사라졌으므로
시바가 사라지고 부처가 사라졌으므로

석벽은 더 이상 자라지 않을 것이네
날아온 씨앗 하나 석탑 위에 떨어져
새들 노랫소리에 싹이 텄을 것이네
아니, 석벽은 스스로 몸을 풀어
어린 나무들 먹여 살렸을 것이네

참으로 아름다운 나무의 식욕
바위로 엮어 올린 책장 한 장 한 장 넘기며
백만의 백성들 굽은 허리 어루만지며

왕과 왕비와 왕국을 타넘으며
무너진 돌무지 감싸 안으며
스펑나무, 둥근 뿌리를 뻗고 있었네

어머니, 어머니, 부르던 통곡의 방이
스스로 울며 뿌리를 내리고 있었네
따뜻했던 혀와 눈물은 살아 있어
그루 그루마다 발돋움하고 있었네
무너진 석벽 돌 틈마다
백만의 부처가 뾰족뾰족 살아나고 있었네

* 앙코르 제국의 전성기 때 자야바르만 7세가 자신의 어머니를 위해 지었다는 불교 사원.

바이욘 사원*

바람도 없는데
눈썹은 날아가고 굵은 미소만 남았다

한쪽 귀는 또 어디로 갔나

귀를 떠올리는 순간 내 한쪽 귀가 아파온다
잃어버린 귀를 찾아
사면상을 한 바퀴 돈다

해자를 건너온 아침 햇살이
반 바퀴쯤 서쪽으로 돌아갈 때까지
환해졌다 서서히 우울해지는 저 그늘의 얼굴도
내일 아침이면 다시 미소를 띠고
귀 없는 귀를 열어
세상의 소리 귀담아들으며
근엄한 왕의 얼굴로 내려다볼 것이다

잃어버린 귀를 찾다 돌아 나오는 길

달려드는 아이들 바구니 속에
지뢰피해 상이군인들 모여 앉아 기도하듯
아리랑을 연주하는 천막지붕 아래

아픈 귀들이 모여 있다

* 앙코르 톰 중앙부에 있는 불교 사원.

구슬 팔찌

비극의 결말은 항상 비극적이라고
생각하지 말자

별이 지는 곳까지 달려온
나는 下界의 불온한 여행자

뿌리는 나무의 성기

검버섯 핀 얼굴로
터무니없이, 허공에서 내려와
폐허의 사원을 끌어안는 스펑나무
도굴하듯 벽을 뚫고 쑤욱 들이밀거나
슬그머니 담을 타넘어 들어와
밝은 대낮부터 욕망의 성곽을 탐닉 중이다

바위옷이 거웃처럼 덮인 돌무더기는
비애다, 복원을 기다리다 스스로 절망이 되고
낯익은 풍경이 되고

무서운 습관이 되는

이제는 상상하지 말자

지붕도 없이 처연한 우기의 들짐승처럼
내가 울부짖을까봐
그만 바위 속으로 스며들까봐
팔뚝 까만 여자애들이 달려와 팔찌를 내민다

    — 원 달러, 원 달러,

땀에 젖은 손으로 채워준 이 팔찌 일곱 개는
온 식구가 밤새워 구슬을 꿰어 만든
하루치의 희망일 것이다

반라의 압살라 무희들이
돌 속에서 걸어 나와
돌아서는 내 손목을 잡아끈다

경전

사내아이 서넛 돌무덤 위에 앉아
놀고 있네, 돌을 쓰다듬으며
지문의 기억으로 촉지도를 읽듯
새겨진 문양을 따라가는 손가락 끝에서
푸른 잉크가 번지는 듯했네

무너진 사원, 더 이상 벽이 아닌
돌은 불변의 경전

그보다도, 풍화를 기다리는 폐허가
아름다워 보였네

영혼은 아직 떠나지 않았을 것이네
방금 머리 깃 짧은 어린 오디새 한 마리
느릿느릿 스펑나무 그늘로 날아갔네

그 옆 공터에서 단발머리 나풀대며
고무줄놀이하는 맨발의 여자애들

쌓여 있는 돌덩이마다 햇살 내려앉아
반짝이네, 솜털 벗지 못한 죽지를 파닥이며
세상을 읽던 어린 오디새처럼, 아이들
알듯알듯한 표정으로 돌을 타고 앉아

뜨겁게 경전을
읽고 있네

스펑나무

따 프롬 사원에 들어서면서
숨이 막혔네
한때는 신전이었을 돌무덤 위로
축축한 그늘을 흘리는 스펑나무들
파충류처럼 배를 밀착시키고
꿈틀꿈틀 근육질의 뿌리들이 기어가고 있었네
얼굴을 반쯤이나 먹힌 압살라 무희는
금방이라도 울음을 터뜨릴 것 같았네

영화 '에일리언'에서 탐욕스런 외계인들은
숙주에 달라붙어 순식간에 먹어치우며 급성장했었는데
문어발을 뻗어 통째로 사원을 끌어안은
스펑나무, 아직은 먹을 게 많다는 듯
서둘지 않는 것 같았지만
알에서 막 부화한 에일리언 유충들이
돌 밑에서 불쑥 튀어나올 것만 같아
바라보는 내 목덜미가 자꾸만 스멀거렸네

그러고 보니

지금은 스콜이 내리지 않는 건기

순례 행렬은 끝이 보이지 않았고

종교가 세속이 되고 신성이 먼지가 되는

슬픈 운명을 저울질하고 있는 듯

나가神*은 코끼리 테라스 난간에 엎드려 움직이지 않았네

늦게 도착한 아침 햇살조차

맨발의 그림자 하나 남기지 못하고 돌아섰네

숙명의 경계가 거기 있었네

* 힌두교/불교에서 신성시하는 뱀(용)신.

그리워라, 수탉 울음소리
― 2017년 새해 첫날

새벽잠을 깨우며
고요한 마을 하나쯤 벌떡 일으켜 세우던
수탉 울음소리, 들리지 않네
새해엔 조금만 덜 울자던 우리들 눈시울 덮으며
지상은 아직도 막막한 설원인데
발자국 하나 남겨놓지 않고 모두 어디로 떠나갔는가,
적의와 맹목의 이기심으로 중무장한
이 아득한 적막을 누가 깨우랴고

가쁜 숨 몰아쉬며 웅크린 채 밤을 새우는
머리맡엔 얼음장 같은 고지서만 쌓여 가는데
정체불명의 탐욕과 무지와 막강한 힘 쪽으로 한없이 기운
시시한 세상, 깨울 일 없다는 듯
들리지 않네, 들리지 않네

새해 첫날, 독한 안개와
섬뜩한 바퀴 소리만 자욱한데

울고 싶어도 울지 못하는
황량한 시간의 그물을 끊고
마른하늘 휘저어 대는, 수탉
그 당찬 고함 소리 한 번 듣고 싶은데

혈거시대, 혹은 미궁

열어제친 양은솥에서
돼지머리가 불쑥, 올려다본다
김이 나는 눈을 감은 채, 본다
물방울 맺힌 천장을 거미줄이 잡고 있는 백열등 꼬리를
창자가 휘감은 뚱뚱한 머리로, 본다
웃음 띤 얼굴로, 자세히 보면 엄숙하게, 본다

저 미소가 우리에게 던지는 할喝이 아닐까
그 옆 도마 위에 입을 조금 벌린 채
웃고 있는 또 하나의 돼지머리, 삶아져서
바뀌지 않는 표정으로 지나는 사람들, 끊임없이, 본다
저 돼지는 마지막 울음도 울지 않았나,
어디에도 울음의 흔적이 없다
목이 베이는 순간에 웃을 수 있다니!

말보다 소리가 더 크게 울리는 동굴 같은
자유시장 순댓국집 골목
혀를 빼앗긴 앵무새 목소리로 악을 쓰듯

실패한 혁명을 이야기하는 한 무리 혈거족들 옆에서
무슨 말을 할 수 있나, 우리는
두꺼운 육질의 혀와 귓바퀴를
두툼하게 썰어 담은 접시에 코를 박은 채
돼지처럼
생의 마지막은 웃으며 마무리하자고
거듭 술잔을 부딪쳐 뇌에 건성으로 새기며
혀 짧은 앵무새 목청으로
웅성거리는 소리들에 휩싸여
비틀거리는 동굴 속을
떠돌고 있을 뿐

귀소

화물차 적재함 가득 알몸으로 실려 가네
언젠가 노래하며 지나쳤을 길 따라
고무밧줄에 묶여 텅 빈 가슴끼리 부둥켜안고 가네
그리울 때마다 이마 위에 새겨진 눈금들을
하나씩 지우며 가슴 아리던 사랑
비로소 강물처럼 만나 몸을 섞고 있네

겨울철새 떼 지어 빈 수레를 끌고 가는 황혼 무렵
안타까운 사랑도 닳고 닳으면
끝내 가을꽃처럼 시들고 마는 것인지
더운 피 흐르던 힘줄도 풀어지고
가슴으론 겨울바람 차갑게 몰려드는데

폐차장을 떠난 타이어들
어느 시골 농장 소각장으로 가는 중일까
저 전능의 검은 **뼈**를 태운 열기로
백합과 장미는 한 생애를 다시 꿈꿀 수 있을지 모르지만
혹은 뜨겁게 불에 달구어져

이 길 다시 돌아올 타이어들도 몇은 있을지 모르지만

수없이 부르던 사랑 노래
말없이 듣고 가는 길 위에는
철새들 떨구고 간 울음소리 가득한데
빛이 둥글게 길을 내고 있는 어둠 속을
야윈 몸뚱이 서로 어루만지며 흔들흔들

실려 가고 있네

제3부

벼꽃 필 무렵

새벽에

 잠이 깨어 마당에 나와 거닐고 있는데, 막 동이 트는 뒷산 능선을 따라 수천 필의 검은 말들이 포효를 하며 서쪽으로 서쪽으로 꿈틀꿈틀 달려가는 것이었다
 이슬 젖은 새벽, 논물 보러 가시던 아버지를 만날 수 있을 것 같아, 나는 그놈들의 등에 뛰어올라 고향 들녘으로 갈기를 날리며 뛰어가고 싶었다

초승달 2

물에서 금방 건져 낸
흰 고무신 한 짝

햇살에 기대놓은 채

어머니,

서쪽 하늘 어둠 속으로

쩔뚝
쩔뚝
걸어가시네

한 천 년쯤

삼복에 산에서 내려온 저 순한 바람 같은

별빛 총총 박힌 채 살강살강 수련 잎에 듣는 새벽이슬 같은

강낭콩 꽃잎에 앉아 밤을 지새운
팔랑나비 젖은 이마 어루만지는 돋을볕 같은

소나기 지나간 뒤
파르르 물낯을 가르며 날아오르는 물잠자리 날개 같은

옥양목에 수를 놓고 있는 아내의 등 뒤에서
나는 지금 기타를 치며 노래 부른다, 사랑이여
곰삭은 동치미 무청처럼 사근사근
한 천 년쯤
그렇게
남아 있어라

꿈

새벽 꿈속에 어머니가 오셨네
갑년을 맞은 아들 위해, 푸른
수세미오이 한 바구니 들고 오셨네

물길 따라 올라온 수수미꾸리가
모래 속으로 파고 들어간 돌샘 가에서
어머니,
먼 여름산 빛깔로 앉아 오이를 씻고 계셨네

꿈속에서도 나는
나를 흔들어 깨웠지만
어머닌 말없이 돌아서시고
미나리 흰 꽃 같은 뒷모습만 어렴풋이 남은 새벽
아, 어머니

오늘 밤 꿈에는 어린 까치가 되어
고향집 뒤란 살구나무에 내려앉아
까르륵 까르륵 울었으면 좋겠네

벼꽃 필 무렵

까끄라기를 비집고
아버지가 걸어 나오시네
힘에 겨워 숨을 몰아쉬던 실밥 같은 아버지가
미처 하지 못한 말들 풀어놓으려
개구리 울음소리로 걸어 나오시네

잊었는가,
풀잎의 상처 위로 칠월도 저물고
뻐꾸기는 목쉰 울음으로 들판을 건너갔는데
오랫동안 갇혀 있던 사립문을 열고 나가신 뒤
거미줄에 매달려 밤을 새운 새벽별들
젖은 맨발로 건너가는 들판 어디쯤에
무거운 여장을 풀었는지
끝내 돌아오지 않던 아버지가

걸어 나오시네
흙빛 얼굴의 소나기가 되셨던 아버지가, 희끗희끗
세상 밖으로 걸어 나오시네

소슬소슬 벼 이삭 사이로 흘러가는
명지바람처럼 걸어 나오시네

그럼, 웃어야지

나 오늘부터

— 아, 매미가 웃네

라고 말해야겠네, 저토록 즐겁게
세상을 휘어잡고 웃는 매미 덕분에 그늘이 깊어지고
옥수수가 한 뼘씩은 키를 늘이는데

— 그럼,
　　그럼,

점심에 먹은 미지근한 오이냉국 같은
졸음을 쫓다,
운전석에 기대 꾸벅꾸벅 졸다,
내 코 고는 소리에 화들짝 놀라 깨어
허둥허둥 강의실로 달려가는
오후 두 시

— 저런,

　저런,

매미가 끌끌대며 웃네

이순

무당벌레들이 깨어나면서부터
이명이 더욱 선명해졌다
귀담아듣는다는 건 이미 오래전 일이다
건성으로 흘러가는 바람에도
귀 대신 머리카락이 곤두서곤 한다

아버지는 예순도 되기 전에
강물 속으로 첨벙첨벙 들어가신 후 소식이 끊겼지만
무당벌레들이 방 안을 날아다니는 봄날
예순을 살아보지 못한 아버지가 흘린 눈물인 듯
유리에 찍히는 저 수많은 방점들

작은 발자국에도 유리창이 부르르 떤다
날다 보면 어디 뚫린 구멍 하나쯤 없겠느냐고
햇살 밝은 봄날
끊임없이 투신하는 무당벌레들
또박또박 세월을 박음질해 온 날줄 위에
여섯 개의 다리들이 분주하게 찍어내는

말줄임표의 긴 행렬

귀가 아닌 내 귀를 흔들어 대는

어둠의 성역

옥상에 올랐을 때
옆집 옥상을 건너다보는 것은, 자유다

어둠의 맛이란 그런 것이다
홀로 뜨거워지고 뻔뻔해지고 두근거리기도 하는 것

옆집 젊은 남녀가 난간에 기댄 채
입을 맞추며 어둠 속으로 스며들고 있다
옥상과 옥상 사이의 해자가 깊어
출렁이는 어둠의 진세陣勢를 뚫고
눈 밝은 그 누구도 건너지 못한다는 걸 믿는 것일까

척후처럼 어둠 속에서 꿀꺽꿀꺽 침을 삼키는 것은, 자유다
원주시 단계동 107-4번지 문간방에 세 든 어린 아내는
백일 지난 첫딸에게 젖을 물리고 있을 터인데

어디선가 불화살이 날아와 내 아랫도리를 관통한다
으윽, 나는 담배를 피워 물고

엉거주춤, 이상한 자세로 옥상을 한 바퀴 돈다
긴 입맞춤을 끝낸 그들이 건너다본 것도 같지만
어둠 속에서 음흉스레 웃는 것은, 자유다

  불화살들이 해자의 어둠을 뚫고
  출렁출렁, 파도를 일으키며 날아온다

  비밀은 뚫린 가슴에서 연기처럼 쿨럭쿨럭, 흘러나갈지도
모른다

  아내와 아이는 지금쯤 첫잠이 들었을까

연애 시절

 오십 년 만의 큰 홍수였다는 그해 여름, 강원도 정선군 동면 석곡리, 주막거리 점방 외동아들이 이웃집 할머니를 업어내곤 끝내 격랑 속에 목숨을 풀었고, 무당산 기슭에 터 잡은 내 골방엔 무당개구리들 어기적어기적 자꾸만 기어들었는데

 내 안부가 그리워 새벽길 달려온 당신, 정선선 기찻길이 흙 속에 묻혀 증산역 계단에서 발만 동동 구르다, 아득한 골짜기 비구름 속으로 무작정 뛰어들었다는 당신, 길도 다리도 다 떠내려가, 정선 가는 일행 따라 산비탈을 허둥허둥 오르다, 줄 끊긴 샌들마저 풀숲에 남겨두고 맨발로 절뚝절뚝 걸어온 당신

 한밤중에 도착한 석곡리 냇물 건너지 못해, 개울 건너 언덕에서 밤새 소리쳐 부르던 피울음소리 내 젖은 새벽잠을 깨웠지. 무너진 길에 넋 놓고 앉아 있는 당신은 나무꼭대기에 걸린 비닐조각이었지. 소용돌이치는 흙탕물이 사랑의 절규 같아서, 악어의 강 건너는 어린 누$_{gnu}$처럼 나는 무작

정 뛰어들었지.

 청량리역 앞에서 샀다는 닭 한 마리 온종일 땀나는 손아 귀에서 풀풀 썩어버려, 흙탕물에 떠내려 보내며 울던 그날, 사랑의 묘약 때문이었을까, 나는 느닷없이 엄습한 통증에 정신을 놓곤 했었지. 당신 어깨에 매달려 읍내까지 걸어 나오던 사십 리 길, 길가에 주저앉아 무섭게 통증을 쥐어뜯던, 그해 여름

헛간

어릴 적 시숙했던 아버지는
집은 허물기 위해 짓는 거라고
잠언 같은 유언을 남기고 가셨지만
흙의 내장까지 환하여
별빛 고요히 머물다 가던 헛간 한 채
오래도록 가슴속에 들여놓고 살았는데

긴긴 겨울, 늑골을 가로지른 서까래들이
툭툭, 가슴을 찌르는 날
나는 헐어내지 못한 헛간에 쭈그리고 앉아
별빛이 당도하기를 마냥 기다리곤 했는데

이젠 아버지의 얼굴도 희미하여 쉽게 떠오르지 않는 밤

불안은 종종 얕은 잠을 깨워
눈 내리는 강변을 밤새 거닐게 하네

누가 내 흔들리는 삭신을 잘게 쪼개

시래기두름처럼 새끼줄로 엮어
바람 무성한 헛간에 매달았으면 좋겠네
뼈마디에 새겨놓은 그리움이며 후회며 한 칼 한 칼 도려
내어
풍장 치듯, 그렇게
눈발 속에 하염없이 내걸었으면 좋겠네

하지

해가 길어지면서
울안이 도둑고양이 천지다
철조망도 없고 대문도 없는 집
재개발지역의 빈집처럼
훔쳐갈 것이 많다는 듯
아침부터 긴장하던 나팔꽃마저
제풀에 지쳐 긴 목을 꺾고
언제나 제멋대로인 저들을 막을 방책이 없다

어느 구석진 곳에서 처음 눈떴을
대여섯 마리 새끼고양이들은
차광막 덮은 비닐하우스 지붕에까지 올라가
지나가는 굴뚝나비에게 발톱을 세우거나
바람과 뒹굴며 놀기도 한다

보리수나무에 내려앉은 물까치들을 노리고
얼룩 고양이가 목덜미 털을 곤두세우는
울타리도 없고

낮과 밤의 구분이 없는 집

비닐하우스에 날아든 비둘기가
가슴 하얀 고양이에게 죽임을 당한 뒤
여름이 짐승처럼 새겨놓은
깃털의 무덤 위로
뜨겁게 내리꽂는 태양의 발톱들

평화와 적의가 버티는
하루가
길다

조밥

조밥을 먹을 때면
아련하게 떠오르는 초등학교 친구가 있다

오 학년 땐가 어느 가을날, 첩첩산골에 사는 키 큰 장우가
도시락에 싸온 노란 좁쌀떡이 먹고 싶어
보리쌀 듬성듬성 박힌 내 도시락과 바꾸어 먹은 적 있었지
어느 날은 햇고구마를 몇 개 담아 오기도 했는데
거뭇거뭇 삭은 양은도시락이
껑충한 장우를 주눅 들게 했는지 모르지만
초등학교 졸업하자마자 서울 어느 양복점 시다*가 되었다는 장우
나도 집 떠나 시내 중학교에 다닐 때였는데
이듬해 봄, 집에 오던 주말 문막장터 차부에서
까만 양복에 빨간 넥타이 매고 멋쩍게 웃으며
마이크로버스에 오르던 얼굴 본 게 마지막이었지
남보다 먼저 대처로 떠나더니
저승길도 남보다 먼저 떠났다고 한참 뒤에나 들린 풍문

에 놀라
    장우가 넘나들던 선돌고개만 멍하니 올려다보았었지
    어린 목숨 앗아간 그 병마가 무엇이었는지 모르지만
    그 시절 왜 그렇게 늘 허기가 졌었는지 몰라

    참 오랜만에 친구를 떠올리며
    조밥을 먹는다

* shidabari(일본어) : 보조원.

마늘처럼, 방패연처럼
— 새해 아침에 부치는 편지

친구,
한겨울 마늘밭에 일렁일렁, 아지랑이 움찔거리는 걸 본 적 있으신가, 개똥지빠귀 내려앉던 생강나무 가쟁이가 제일 먼저 꽃문 연다는 걸 아시는가, 칼바람 무성한 언덕배기에서 얼레에 감겨오던 팽팽한 힘을 온몸으로 느껴본 적 있으신가.

마늘이 고치실 뽑듯 온기를 풀어 꽁꽁 언 땅을 녹이고 있는 거지, 생강나무 꽃눈이 하도 미뻐서 개똥지빠귀 보얀 깃털이 곰실곰실 쓰다듬어주었던 거지, 쓰이쓰이쓰이, 바람의 흉금을 타는 방패연 손마디가 너무도 환해 천지가 부르르 떨었던 거지.

햐, 세월이 바닷속처럼 어둡고 무정하네만, 소곤소곤 언 땅을 녹이는 마늘처럼 살아보는 거야, 하르르하르르 개똥지빠귀 깃털이 돼보는 거야, 그래 그렇게 무한천공 솟구쳐 오르는 방패연처럼,

친구 힘내시게, 엄동설한 늑골 사이로 두근두근, 실핏줄 울리는 고동 소리 저리도 맑게 들리는 새해 아침 아닌가.

조문

경계를 허물어뜨리는 안개는
폭력적이다

안개 자욱한 이른 새벽
야생화원 유리창 밑에
살굿빛 가슴의 무당새 한 마리 누워 있다
얼마나 세차게 날아와 부딪쳤는지
피가 흘러나온 부리를 조금 벌린 채
눈을 감고 움직이지 않는다

죽음 위를 배회하는 안개
욕망은 때로 의심을 비껴가기도 하지만
유리온실 안의 화원은 분명 혼돈이다
그럼에도 안개의 폭력부터 먼저 말하는
이 편벽한 문명의 알리바이

살구나무 아래 구덩이를 파고
아직은 따뜻해 보이는 깃털과

한 줄의 기록, 한순간의 기억 위에
이슬 젖은 흙을 덮는다

이듬해 살구꽃 피면 깨어나시라
맑은 웃음소리 가지마다 조롱조롱 매달으시라

이명충

밤낮없이 머릿속을 헤집고 다니며 우는
귀뚜라미 방울벌레 긴꼬리쌕쌔기
이제 그들을 이명충이라 불러야겠다

그들은 벌레답게
오늘 또
내 기억 하나를 야금야금 갉아먹었다

유년의 고샅길을 돌아 나와
캄캄하게 지나가는

이름이 도무지 떠오르지 않는
낯익은 얼굴 하나

밤손님

 누가 창문을 두드리는 소리에 놀라 벌떡 일어나서 커튼을 젖히니, 거기 환한 달빛을 받고 선 말채나무 긴 그림자가 꽁꽁 언 밤하늘을 채찍으로 후려치고 있었습니다
 그러자 내 이마 위로 서늘하게 달빛이 뛰어내리고
 나는 우두커니 서서
 오줌 싼 어린아이처럼 숙연해졌습니다

제4부

뜨거운 외출

겨울 안개

집요하게 그러나 부드럽게

달라붙는다, 일렁이는 아픈 기억처럼

차창에 가로등 불빛에 그대가 남기고 간

마른기침에

촉수를 뻗으며, 한사코

한사코 달라붙는

저 몽유의 손가락들

사월

화르르
화르르

벚꽃 진다

지금쯤
저승 꽃길에
와글와글
꽃망울들 터지고 있겠다

적멸보궁

안개 속에서 홀로 우뚝하다
나목의 사리들로 빚어 올린
뼈의 사원

지붕도 없는

어둡고 추운 계절 건너와
육신도겁*을 이루었다는 듯
순백의 외투를 뒤집어쓴 채

적멸에 든
까치 한 쌍

---

* 肉身渡劫 : 하늘의 시간과 제약을 뛰어넘어 살아 있는 몸으로 하늘에 올라감.

가을 풍경

썰물처럼 빠져나간 기억의 빈터
밀물지는 시간의 고동 소리

한사코 바람 허리를 붙잡고 있는
추녀 끝 풍경이
졸다, 깨다,
늑골을 두드리는 황혼 무렵

지평선 끝으로 사라지는
기러기 한 쌍

이슬, 슬픔의 무게

도시 외곽 교차로, 잠시 신호대기 중이다

삶과 죽음의 경계가
한 줄 선으로 그어진 것이라면
저 흰 선 너머는
죽음이 기다리는 곳일 수도 있겠다

그 혼돈의 경계 위에서
자동차가 지나다니는 줄도 모르고
참새가 길바닥을 콕콕 쪼며 허둥댄다
가만히 보니, 꿀벌 한 마리가
이슬에 젖은 날개를 붕붕거리며
날아오르다가 다시 떨어지곤 한다

언제는 다디단 생명수였을
이슬, 한 방울의 무게가 섬뜩하다

아침 햇살에 길은 조금씩 달아오르고

흰 선 안팎을 넘나들며 파닥이는
저 눈물겨운 대결도, 이윽고
흔적 없이 지워질 것인데
그 경계를 비껴
나는 어디를 향해
조심조심 가속페달을 밟고 있는가

소리

첫눈 내린 아침
숫눈 위에 발자국 찍으며 걸어보았네
가끔씩 멈춰 서서
둥글게 국화 무늬를 새겨보기도 했네

그때,
등 뒤에서 싸락싸락 비질하는 소리
돌아보니,
고향집 마당을 쓸던 아버지가
빙그레 웃고 계셨네

그 빗자국 위로
내 발자국 위로
다시 눈발이 노래처럼 날리기 시작했네

나는 노래 속으로
허둥허둥 걸어 들어갔네

입김

지난밤 폭풍우에
야생 화원 유리창이 깨지고
비닐지붕이 모두 찢겨져 날아갔다
밤새 무서움에 떨다 나가보니
오들오들 떨고 있는 화분의 어린 꽃들
이마 위로
한 줄기 햇살이
후우우, 푸른 입김을 불어넣고 있다

남생이무당벌레

이른 아침, 머리맡에 남생이무당벌레 한 마리 엎드려 있다. 죽었는가, 가만히 들여다보니, 움찔거린다. 지난가을 어느 틈에 들어와 진을 쳤는지, 서까래 사이사이 좀생이별처럼 무당벌레들 빼곡하다. 저들은 봄이 올 때까지 저 자리에서 꼼짝 않을 것이다. 땅속이나 나무구멍 속에서 겨울잠 자는 개구리나 뱀도 아니고, 어떻게 살아 있는 것들이 바싹 마른 천장에 붙어, 몇 달이나 물 한 모금 먹지 않고 견딜 수 있단 말인가. 이 방에서 여러 해 겨울을 나는 동안 죽어 떨어지는 무당벌레 본 적이 없다.

긴긴 동안거 중에 갈증이라도 난 것일까. 만일 수행자라면 이 녀석은 파계승이 틀림없으나, 설원의 구도자라도 된다는 듯, 오체투지로 기어간다. 다리들을 감춘 채, 얼룩덜룩한 철모를 뒤집어쓴 병사처럼, 낮은 포복으로, 둥근 모자를 조금씩 움직여 갈 뿐, 바스락거리는 소리조차 없다. 종착지가 어딘지는 모르겠으나 이렇게 기어가다가는 이 겨울이 가기 전에 문턱을 넘어가지도 못할 것 같다.

모기의 속눈썹에 집 짓고 사는 초명蟭螟벌레는 소가 눈 한 번 감았다 뜨는 사이에 생을 마친다고 한다.

무당벌레를 한참 들여다보다, 나는 아침을 먹으러 주방으로 나간다. 저녁 먹은 지 열두 시간쯤 지났으리라.

돌아가는 길

흐느적거리며 집으로 돌아가던 길 위에서
잠시 붙잡혔었네, 불온하다고
붉은 눈의 외눈박이 공룡처럼
쿵, 발을 구르는 교차로의 신호등
움찔 놀라 앞 유리에 비친
남쪽 하늘 얼핏 바라보았네, 그때

붉게 물드는 하늘 가로질러
평생 짝을 지어 정절을 지킨다는 기러기 떼
느릿느릿 북쪽으로 날아가고 있었네
고개 돌려 재빨리 세어 보니
아, 큰 기러기 열세 마리

뜨겁게 한 계절 건너와
흐뭇하게 돌아가는 저 길에
허둥허둥 뒤따라오는
어린 기러기 한 마리 더 있을 것 같아
집에 다와 갈 때까지

남쪽 하늘로 자꾸만 눈이 가던
이른 봄날, 황혼 무렵이었네

뜨거운 외출

햇살 부신 여름 한낮, 느티나무에서 툭, 떨어진 손가락 마디만 한 애벌레 한 마리, 아무 일도 아니라는 듯이 꿈틀거리며, 기어간다, 구불텅구불텅 뿌리를 타넘고 돌멩이를 타넘고 개미집을 가로질러, 기어간다, 어디가 서쪽인지 북쪽인지 아랑곳하지 않고, 기어간다, 개미들을 온몸에 대롱대롱 매단 채 주름을 접었다 펼쳤다 몸부림치듯, 뜨겁게, 기어간다, 모두들 그늘로 숨어들고 있는 백낮에, 연둣빛 애벌레 한 마리, 기어간다, 눈부신 햇살 쪽으로,

말라가는 빵

 새끼고양이가 죽은 듯이 웅크리고 있다. 엎어놓은 항아리 위에, 버려진 털실뭉치처럼, 한나절이나 머리를 가슴에 묻은 채, 미동도 없다. 처음엔 정말 죽은 줄 알았는데, 인기척에 눈을 뜨고 겁먹은 듯 빤히 쳐다본다.
 기다림이 길어지면 슬픔으로 바뀐다는 걸, 나는 안다. 뒤뜰 처마 밑 그늘이 깊어, 늦은 봄 햇살마저 들지 않는 곳, 어미와 형제들이 좀체 돌아오지 않는 듯했다. 슬며시 다가가자, 그제야 사뿐 뛰어내려 울타리 밑으로 몸을 숨긴다. 떠난 자리에 빵을 한 개 놓아두고 돌아서는데, 왜 자꾸만 불안해지는 걸까.
 나는 적의를 품은 적 없으나, 며칠이 지나도록 입도 대지 않는 빵. 뼛속까지 외로움 스며들어 더욱 둥글어지던 새끼고양이같이, 빵은 제자리에서 말라간다. 머지않아 곰팡이들이 자리 잡을, 슬픔의 빵 한 덩이.

미로

거울로 뒤덮인 벽은 때로 비극적이다.

선풍기 두 대가 더운 바람을 일으키는 헬스클럽 마룻바닥에 언제 들어왔는지 왕개미 한 마리 걸어간다. 거울이 줄지어 선 벽 모서리를 따라가다가, 다시 왔던 길을 되돌아간다. 출입구는 반대쪽에 환히 열려 있는데 멍청하게도, 형광등 불빛에 눈이 휘둥그레진 걸까, 가끔씩 멈춰 서서 허공을 향해 두리번거리거나, 벌떡 일어서서 더듬이로 거울을 두드리기도 한다. ―자네는 몇 호인가, 길은 찾았나, 서로 안부를 묻듯 들여다보다 고개를 숙이고 생각에 잠긴다. 작은 씨앗 하나 떨어져 있지 않은 허허벌판, 손잡고 거닐 친구도 없고, 단물 뿜어주던 진딧물 한 마리 없다. 벚나무 옹이에 모여들던 풍뎅이들도 뙤약볕 속에 숨을 죽이는 시간, 타클라마칸 사막을 건너가는 구도자도 저토록 허둥대지는 않을 것이다.

이슬 한 방울 맺히지 않는 마룻바닥을 속절없이 헤매고 있는 검은 뿔의 왕개미를, 자 이제 밖으로 데려다주자. 빈 물병에 물도 받아오고.

낯이 익은 뚱뚱한 여자가 꺼꾸리 기구에 매달려 있다가,

거울에 비친 내 더듬이 같은 다리를 보았는지, 한 손으로 급히 옷자락을 끌어올려 배꼽을 가린다.
 거울로 뒤덮인 벽은 종종 희극적이다.

뼈, 혹은 감옥

1.
어두컴컴한 창고에서 겨울을 난
감자 상자가 투명한 뼈들로 빼곡하다
어둠이 밀어 올린 뼈의 이마가
눈물을 받아 안던 석순 같다
겹겹의 신문지로 결박한 감옥, 그 눅눅한 벽을
흙빛 외투를 걸친 미라처럼
겨우내 두드리며 웅성거렸을 것이다
허리께며 목이며 정강이뼈에
뾰족뾰족 돋은 말의 이빨들

어둠도 때로는 저렇게
제 모습을 드러내고 싶었는지 모른다
상자 안이 뼈의 온기로 후끈하다

2.
밖에는 추적추적 봄비가 내리고

나는 도살장의 칼잡이처럼
뼈를 해체하여 땅에 묻으려 한다
큰 뼈와 작은 뼈 사이, 슬픔과 적막 사이,
창백한 주름 사이사이
칼날이 스며야 한다

3.
실낱같은 발가락이 환하게 젖는
뼈의 무덤, 위로 떼 지어 무당벌레 날아들 것이니
그렇게 여름 가고 눈 내리면

침묵의 껍질을 깨고
또다시 일가를 이룰
뼈, 혹은
뼈의 감옥

겨울나기

빈속을 훑는
시장기를 이기지 못해
잠에서 깬 쌍살벌 한 마리
기어간다, 다리 하나 질질 끌며
먼지를 잔뜩 묻힌 채 쩔뚝쩔뚝
기어간다, 방구석에 던져놓은 귤껍질 쪽으로

한때는 군벌을 이루어
가슴 뿌듯하던 때가 있었으리
꽃들이 흘린 눈물로 밥 말아 먹던
왕조의 시대가 있었으리

— 쌍살벌 ; 여왕벌 홀로 살아남아, 시중드는 일벌도 없이, 겨울을 나는, 아직은 처녀인, 외로운 군주, 아니, 정자를 남긴, 수벌들 모두 죽어, 쓸쓸한

창밖 영하의 거리 헤매는 발자국 소리

노인이 끌고 가는 손수레 위에
벼꽃처럼 눈발 내려 쌓이는데
겨울은 더디게 흘러가는데

귤껍질에 달라붙어 시장기를 껐는지
먼지 묻은 다리로 입술 쓱 문지르고
기어간다, 다시 어두컴컴한 구석으로
먼지 속으로
비틀거리며

입적

고요히
달빛이 흘리는 울음인가

투명한 날개
바람에 내맡긴 채
움직이지 않는

명주잠자리

불타오르는 하늘 배경 삼아
형장의 이슬로 사라진 쥐라기 공룡처럼

바람의 늑골을 베고 누운

가을의, 입적

묵언

 가지 잘린 느티나무들이 종주먹을 불끈 쥔 채 면벽 대좌하고 있는 까까머리 행자처럼 이열횡대로 하늘을 떠받들고 서 있는 춘원국도변, 지나가던 새들도 차마 앉지 못하고 떠난 비스듬한 둥치에서 무언가 뾰족뾰족 돋아나는 것이 차창 밖으로 언뜻언뜻 보였다
 아마도 묵언수행 중에 흘리는 연둣빛 땀방울이었으리

점말동굴

그때, 무슨 일이 일어났던 걸까

동굴원숭이 사향노루 옛비단털쥐들이
왜 죽자 사자 우르르 뛰어들었던 걸까
뜨거운 피의 저들이, 한사코
떼 지어 몰려들었던 걸까

그가 묵묵히 코뿔소 정강이뼈에
불신의 얼굴을 새기는 동안
짧은꼬리원숭이는 여인의 어깨 위에서
놀란 눈으로 내려다보고 있었을 테지
불씨마저 숨을 몰아쉬는 빙하기의 밤
하이에나는 이빨을 드러내며 벼랑을 뛰어오르고
그는 주먹도끼로 마지막 입꼬리를 새겨 넣었을 테지

지금은 간빙기라는데

어느 날 느닷없이 빙하기가 엄습한다면

나는 용두산 점말동굴로 숨어들어 가리
긴긴밤 원시인이 되어 동굴 벽에
아니, 육탈된 내 맑은 정강이뼈에

몇 줄 시를
새겨놓으리

김종호의 시세계

바람 여행자의 사원

최준

김종호의 시세계

바람 여행자의 사원

최준

(시인)

> 알고 보니, 바람은
> 내 안에서 불어 나오고
> 내 안으로 불어 가고 있었다.
>
> 내가 바람의 서랍이었다.
> ―「시인의 말」중에서

　동시대를 살아가고 있는 이들에게는 엇비슷한 색채가 묻어 있습니다. 문명과 문화의 누림이 그렇습니다. 성정은 타고난 운명이라 하겠으나 서로 다름과 같음 사이를 가로지르는 엇비슷하다는 건 한결같다거나 똑같지는 않다는 의미도 되겠습니다. 사는 동안엔 계절과 시절과 거기에 덧댄 삶이 우리가 공유해야 하는 현실로부터 벗어날 수 없음으로 어쩔 수 없이 서로가 닮아 있지만 그럼에도 불구하고 모두가 다 다르다는 건 시사하는 바가 적지 않습니다. 저마다 문학이 태어나는 공터를 각기 하나씩 지니고 있다는 행복한 동기이기도 하기 때문입니다. 만약에 누군가가 '우리'에 대해 말한다면 그것은 곧 무수한 당신들과 나와의 다름을 의미하는 것과도 같을 겁니다. 이 시간에 우리는 저마다 다른 자리에서 타자의 없음을 확인합니다. 내가 이 자리에 있다는 건 곧 당신의 부재를 의미하는 것과 다름 아니니까요.

　김종호 시인의 새 시집 『한 뼘쯤 덮고 있었다』를 감상하는 것은 엇비슷하지만 다른 한 서정적 자아가 움직인 사유의 궤적을 확인하는 일입니다. 김종호 시인에게 있어 몸은 현실을 부유하는 생시이자 현재이며 마음은 지난 시간을 추억하는 기억의 더듬이입니다. 몸이 당도했던 흔적을 마음이 좇아갑니다. 시인이 과거를 이야기할 때면 모종의 깨달음을 동반하는 이유입니다. 이 깨달음이 자기반성을 전제할 경우 우리는 엇비슷한 경험의 기억을 떠올리며 시인의 전언에 공감하게 됩니다. 이를테면 다음의 시처럼 "물이 고인 웅덩이"를 앞에 두고 "건너뛸까/ 그냥 밟고 지나갈까" 망설이던 순간이 그러한 예에 해당하겠지요.

　　건너뛸까
　　그냥 밟고 지나갈까
　　물이 고인 웅덩이 근처, 망설이다
　　가장자리 불룩한 곳을 밟는 순간

쑤욱, 진흙 속으로 발이 빠진 적 있다

망연하다와 막연하다를 구분하지 못해
막막하던 때가 있었다
평평하다와 편편하다의 허방다리에 빠져
발목이 젖도록 울던 때가 있었다

풀잎을 짓누르던 이슬방울이
편편하게 풀밭을 적시는 아침
내 생각의 발자국 위에 수런대며
몰려드는 이슬들

찬연하다와 처연하다의 경계에서
갈팡질팡하던 그해 겨울

폭설이 느티나무 가지를
한 뼘쯤 덮고 있었다

― 「늪」 전문

 지난 삶에서 "막막하던 때"가 있었다고 고백하는 화자는 의지 혹은 결정의 오류에 대해 말합니다. 앞에 놓여 있는 상황에 대한 잘못된 결심이거나 선택이었다고 해도 무방하겠습니다. 사실이 그랬지요. 돌아보면 지난 삶에서의 모든 실수(실패)는 결국 의지의 오류에 다름 아니었습니다. 이때의 망연함과 막연함은 삶에서 칼로 토막을 치듯 잘라서 구분하기가 쉽지 않습니다. 굳이 말하자면 선택의 문제가 아닐까 합니다. 망연함은 선택 이후이고 막연함은 선택 이전이라고나 할까요? 망연함과 막연함 사이에서 막막하던 때가 없었다면 그건 삶이 아닐 겁니다.

"평평하다"와 "편편하다"도 그렇습니다. 상태와 내면을 두루 포괄합니다. '풀밭을 적시는 이슬방울'처럼 마음이 "편평하게" 되기까지의 과정은 "발목이 젖도록 울던" 아픈 경험의 결과입니다. "찬연하다"와 "처연하다"는 또 어떨까요? 음성학적으로는 너무도 비슷한 말이지만 그 의미는 아주 다릅니다. 우리는 예외 없이 자신의 삶이 찬연하기를 바라지만 현실에서는 처연함으로부터 온전히 벗어나기가 좀처럼 어렵습니다. 그러니까 "늪"은 상황인 동시에 마음의 상태이기도 합니다. 시집 속 시편들에 일관되게 고여 있는 시인의 의식은 지난 삶에서 "늪"을 드러내어 현재형의 깨달음으로 견인하는 자신의 시적 방법론을 고집스럽게 견지하고 있습니다.

이러한 시인이 깨달음의 거처라 할 수 있을 "사원"을 찾는 것은 자연스러운 결과일 겁니다. 불교적인 색채는 시인에게 있어 종교가 아닌 마음의 거처라 하겠습니다. "부석사" "적멸보궁" "앙코르 톰" "따 프롬 사원" "바이욘 사원" 등 지상에 실재하는 사원들이 시의 소재로 등장하게 된 것은 결코 우연이 아닙니다.

    적멸에 들겠다고 세끼 공양 밥이나 축내며 요사채 방 한 칸 빌려 몇 날밤 새워본들 오득悟得은 절집 마당 우물에 잠긴 뜬 구름이다 그 뜬구름 건지겠다고 내려뜨린 깡통두레박이다 두레박에 담겨 올라온 졸참나무 가랑잎이다
    벌레 먹어 뚫린 구멍으로 달빛이 샌다

    월아천 샘물 한 바가지가 보리菩提에 이르는 길이라며, 명사산 그늘에 앉아 갈증을 풀던 라마승은 정각에 이르렀을까

    구들장 온기가 부처의 손이며 길이라고, 등짝을 그렁그렁 울리며 기름보일러가 돌아가는 밤

    그 길 위에서 밤새 바람결로 떠도는 나는, 빈 수레다
                                      —「부유」 전문

한자리에 정착해 뿌리내리지 못하고 떠돎을 의미하는 "부유"는 시인의 시세계를 이해하는 키워드라 할 만합니다. 위의 시는 '깨달음'을 희구하는 화자가 찾아든 "절집"에서의 경험입니다. 깨달음을 얻기 위해 "절집"을 찾아들었지만 깨달음은

"절집 마당 우물에 잠긴 뜬구름"이라 합니다. 비유가 아닌 직설입니다. 단도직입은 선禪의 고유한 방식이지요. "세끼 공양밥이나 축내며 요사채 방 한 칸" 차지하고 "몇 날밤 새"우며 고민하는 깨달음에의 노력이 허무하고 허망합니다. 결국 화자가 깨달은 것은 깨달음이 "깡통두레박"이며 "졸참나무 가랑잎"이라는 것입니다.

이 지점에서 "길"이 등장합니다. 화자는 지혜를 얻으려 길을 나선 라마승이 마신 "월아천 샘물 한 바가지가" 과연 그를 "정각"에 이르게 했을까 하는 의구심을 갖게 됩니다. 그러면서 자신이 처한 현실, 곧 "등짝을 그렁그렁 울리며" 돌아가는 "기름보일러"가 가져다주는 "구들장 온기가 부처의 손이며 길이라"는 생각을 하게 됩니다. 이 시의 마지막 연에는 시인의 시집 속 정서의 핵심을 이루는 단어들이 한 문장 속에 함축되어 있습니다. 곧 "바람"과 "떠돎"입니다. 이 "바람"과 "떠돎"이 한 자아의 "길"에 동시에 스며들 때, 그 자아는 "부유"하는 '여행자'이거나 '방랑자'일 테지요. "바람"에 대한 시인의 의미 변환은 시집 도처에서 이어집니다.

바람의 욕망을 경계해야 한다,

혼잣말하며 나도 법당으로 혀를 들이민다
두 겹 세 겹 바람이 들어와 쌓인다

욕망의 바람을 경계해야 한다, 나는

생각을 고쳐먹는다

나도 모르게 바람처럼 우는 소리를 내며

바람이 되는 줄도 모르고

　　　　　　　　—「바람의 경계」 부분

홀로 나는 법을 배운 이후

상처와 기억은 때로 견딜 수 없는 치욕이 되곤 하였지만

바람이 허물고 바람이 일으켜 세운

흰 뼈의 공중누각

차마 들어서지 못하고 입구에서 서성이는

까치에겐

고독이란 말이 오히려 직선적일 것이다

저 건고한 바람의 경계를 뚫고

까치는

흩어진 뼈들을 어디론가 다시 물어 나르고 있다

　　　　　　　　—「바람의 건축학」 부분

너는 너대로 나는 나대로, 뿔뿔이

거울 안개 속으로

벽에 매달린 마른 꽃 닫힌 눈동자 속으로

옷장의 그늘 속으로

익숙해진 가면 속으로

숨어들어야 한다

낡은 가방이 입술을 달싹거릴 때까지

다시

바람의 계절이 올 때까지

―「동지」 부분

  위의 시편들에서 공통적으로 발견할 수 있는 "바람"은 중의적인 의미로 다가옵니다. 자연현상과 자아의 욕망의 변환이라 말해야겠습니다. 「바람의 경계」에서 "바람의 욕망"과 "욕망의 바람"이 그렇습니다. 그 "경계"에 한 자아가 있습니다. 이 자아는 "바람의 욕망"을 읽어내면서 동시에 "욕망의 바람"을 경계합니다. 그러니까 "경계"는 지점이자 자기점검이거나 자기단속의 의미도 지니고 있다고 읽습니다. 「바람의 건축학」에서 "바람이 허물고 바람이 일으켜 세운/ 흰 뼈의 공중누각"으로 표현되는 까치집도 그렇게 이해합니다. 허공의 까치집은 까치가 지어 놓은 거처이며 바람의 결과물이지만 이를 허무는 것 또한 자연현상인 바람입니다. "홀로 나는 법을 배운"

독립자로서의 바람은 물론 건고한 집 한 채에 있으나 바람이 허문 집을 다시 지으려는 바람 역시 까치의 바람일 것입니다. 「동지」 또한 "다시/ 바람의 계절이 올 때까지" 헤어짐과 은신의 동안거를 저마다 감당해야 하는 혹독하고 고독한 시절과, 겨울이 지나고 불어올 봄바람을 의미하는 것으로 읽힙니다.

　이렇게 말하고 나니 시인에게 있어 "바람"은 아주 중요한 시적 의도를 복합적으로 품고 있는 듯 여겨지는데요, 시인의 시편들이 정적이 아닌 동적으로 다가오는 이유도 이해하겠습니다. 시인이 내세운 시의 화자들은 깨달음을 찾는 '영혼의 여행자'라는 나름의 결론에 이르게 됩니다. 그런 그의 발걸음은 자연스럽게 현재가 아닌 과거로 종종 향합니다.

　반성과 깨달음을 동반한 과거로의 보행은 어머니를 만나고 아버지를 만나고 아내를 만나던 과거로 돌아가는 추억의 여정과 입술이 맞닿아 있습니다. 이럴 때 화자는 아름다웠지만 불가능한 과거로의 회귀를 소망을 담은 현실로 바꿉니다. "오늘 밤 꿈에는 어린 까치가 되어/ 고향집 뒤란 살구나무에 내려앉아/ 까르록 까르록 울었으면 좋겠네"(「꿈」)라든가 "끝내 돌아오지 않던 아버지가// 걸어 나오시네/ 흙빛 얼굴의 소나기가 되셨던 아버지가, 희끗희끗/ 세상 밖으로 걸어 나오시네// 소슬소슬 벼 이삭 사이로 흘러가는/ 명지바람처럼 걸어 나오시네"(「벼꽃 필 무렵」)처럼 지상을 떠난 그리운 영혼을 현재로 소급하는 어린아이 영매가 되기도 합니다. 이처럼 경험을 동반한 사유의 결과물인 깨달음은 시인의 시들이 품고 있는 아주 소중한 자산입니다. 서랍 없는 책상 앞에 앉아 있을 때조차도 시인의 영혼은 "바람"처럼 움직입니다. "바람"으로 멈춤 없이 불어갑니다.

지금 당신이 책상 앞에 앉아 있다면 무언가 해야 할 일이 있다는 것일 테지요. 구태여 손을 사용하지 않더라도 마음은 멈춤 없이 꿈틀거리지요. 살아오는 동안 그 책상 앞에서 한 번쯤은 고민해 보았음직한데요, '나는 누구이고 무엇인가?'라는 존재의 근원 혹은 본질에 대해 스스로에게 던진 의문을요. 형상과 질료인 육체와, 그 육체에 깃들어 있는(있다고 하는) 영혼이라는 건 무엇인가? 육체를 지탱하느라 버거운 삶에서 영혼은 어떤 의미가 있는가? 대체 내게 영혼이 있기는 있는 것인가? 종교인이 아니더라도 영혼의 정체성에 대한 의구심과 비밀스러움은 그렇지 않아도 어지럽기만 한 내면을 더 큰 혼돈으로 몰아갑니다. 개인적이며 가족적이며 정치적인 동시에 더없이 사회적이며 지난 당신의 삶에, 당신의 육신 안에 영혼은 과연 존재하는가요?

도무지 모를 노릇입니다. 일생 동안 줄기차게 이타利他를 실천하며 살아간다 해도 결국 개인은 배타적이며 반사회적이며 독립적일 수밖에 없는 존재입니다. 존재이므로 그럴 수밖에 없겠습니다. 인류사에 관한 우리 이해의 영역 안에서 세계가 어떤 자아에게 온전히 들어앉아 있던 적이 있었던가를 돌이켜 본다면, 그건 아마도 자신이 자신에게 허락한 만큼의 분량이었을 뿐일 테지요.

김종호 시인의 시집 속 시들은 영혼의 존재에 대해 의문을 갖게 합니다. 시인의 시들에 담긴 많은 이야기들은 이 점을 시사하고 있습니다. 속절없이 관습적으로 일상을 부유하며 탕진하는 와중에 지속되어 온 무수한 소용돌이와 굽이들이 정작은 몸이 아닌 영혼은 아니었던가 하는 반성적인 의문 말입니다.

이런 고뇌 섞인 시인의 오랜 사유의 결과물인 다음의 시는 "외롭고 쓸쓸"한 인간과 그 존재에 대한 근원적인 질문을 담고 있어서 슬프기도 하지만 '우물 속의 달'처럼 깊게 고요하고 아름답습니다.

> 나에게 영혼이 있기는 있는 걸까
> 있다면, 그는 지금
> 얼마나 외롭고 쓸쓸할 것인가
>
> 이제껏 영혼을 위해 따로 밥 먹어본 적 없으니
> 봄날 홀로 우두커니 창밖을 내다보고 있는
> 내 등 뒤에서
> 그는 또 얼마나 오랫동안 입술 깨물고 있을 것인가

봄볕 뒤집어쓰고 앉아

시골 아낙 서넛

미나리 뜯는 돌샘가에, 그대여

슬그머니 날아가 앉아 있어라

소풍이라도 나온 듯이

거기 그렇게,

이마에 푸른 이슬 내릴 때까지

―「교감」 전문

"비극의 결말은 항상 비극적이라고/ 생각하지 말자// 별이 지는 곳까지 달려온/ 나는 下界의 불온한 여행자"(「구슬 팔찌」)라고 시인은 말합니다. 이는 유교적인 자기낮춤의 겸손과 겸양만이 아닙니다. 그보다는 오히려 선禪에 한층 더 가깝습니다. 시인의 시집을 읽어가다 보면 시인의 일관된 사유를 자연스럽게 느끼게 되고 알게 되리라 생각합니다. 오랜 부유의 시간을 '바람 여행자'로 사유하고 고뇌하며 깨닫게 된 생의 의미는 결국 자신에게로 되돌아오는 여정이었습니다. 그것이 자아 부정이 아님은 말할 나위 없겠습니다. 이 바람 여행자의 마음속 사원에는 고독한 영혼이 살고 있습니다. 그 영혼의 정체는 지난 삶에 대한 반성을 동반한 자기연민입니다. 이는 앞서 펴낸 두 권의 시집과 함께 시인이 지속적으로 추구하는 시적 주제로 여겨집니다.

　시인은 삶의 방식이 아닌 삶의 본질에 대해 묻습니다. 이런 저런 현실적인 이해관계들로 얽히고설켜 살아가는 우리는 얼마나 외롭고 쓸쓸한 존재들인가요? 자신을 사랑하는 법을 모르고서 다른 누군가를 사랑한다는 게 가능한 일인가요? 자신에 대한 반성과 고뇌 없이 누구를, 무엇을 제대로 이해할 수 있겠나요? 인간만이 아니라 미물들이나 사물들에서도 자신을 발견하려는 시인의 말마디들에 귀 기울여야 하는 이유입니다. 진정으로 소중한 건 존재의 가치가 아니라 존재 그 자체가 아닐까요? 존재에 대한 자각과 존재의 경험이 주는 삶의 교훈도 시인의 시에 자재自在해 있는 소중한 전언입니다.

　시인의 시를 다시 감상하는 밤입니다. 웃음과 울음소리 사이로 세상에는 좀처럼 없는 마음의 공간이 하나 펼쳐집니다. 보행의 속도로 조금 더 천천히 행간을 음미합니다. 바퀴를 떼어내고 날개를 버리고 정처를 거처로 삼는 외로운 떠돌이 영혼 하나를 만납니다. 그와 악수하고 인사합니다. 아! 그런데, 진정한 마음의 평화는 대체 얼마나 멀고 험한 고갯길 너머에 있는 것인가요? 헤맴으로 가득한 지상에서는 깨달음의 숨결 느껴지는 사원마저도 내 영혼의 안식처는 아닌가요?

| 김종호 |

1957년 강원도 원주에서 출생. 원주고, 춘천교대, 한국교원대 대학원을 졸업한 후 강원대 대학원에서 문학박사 학위를 받았다. 1982년 강원일보 신춘문예(시)로 등단했으며, 1992년 조선일보 신춘문예에 동시, 2017년 부산일보 신춘문예에 시조가 당선됐다. 시집으로 「둥근 섬」, 「적빈의 방학」 등과 이론서 및 논문집으로 「물·바람·빛의 시학」, 「EQ 동요·동시」, 「생각을 키워주는 동요·동시」, 「한국 현대시의 원형 심상 연구」, 「조운 시조 연구」 등이 있다. 현재 한라대학교 외래교수로 출강 중이다.

이메일 : pullipkim@hanmail.net

한 뼘쯤 덮고 있었다 ⓒ 김종호 2017

초판 인쇄 · 2017년 6월 25일
초판 발행 · 2017년 6월 30일

지은이 · 김종호
펴낸이 · 이선희
펴낸곳 · 한국문연

서울 서대문구 증가로 31길 39, 202호
출판등록 1988년 3월 3일 제3-188호
대표전화 302-2717 | 팩스 · 6442-6053
디지털 현대시 www.koreapoem.co.kr
이메일 koreapoem@hanmail.net

ISBN 978-89-6104-185-0 03810

값 9,000원

* 잘못된 책은 바꾸어 드립니다.

"이 책은 강원도, 강원문화재단 후원으로 발간되었음."
당신이 평창입니다. It's you, PyeongChang

이 도서의 국립중앙도서관 출판시도서목록(CIP)은 서지정보유통지원시스템 홈페이지(http://seoji.nl.go.kr)와 국가자료공동목록시스템(http://www.nl.go.kr/kolisnet)에서 이용하실 수 있습니다.
(CIP제어번호: CIP2017014517)